LA

MONARCHIE ESPAGNOLE

LA
MONARCHIE
ESPAGNOLE

SES ORIGINES — SA FONDATION

PAR

M. LE BARON DE NERVO

Ancien officier au service d'Espagne

Trésorier général

Illis ingenita sanctitas regii nominis.

(*Plutarque*, fragments CXVI.)

Ils ont dans le sang le culte de la royauté.

PARIS

MICHEL LÉVY FRÈRES, ÉDITEURS

RUE VIVIENNE, 2 BIS, ET BOULEVARD DES ITALIENS, 15

A LA LIBRAIRIE NOUVELLE

1869

AUX LECTEURS

Cette brochure est la publication anticipée de l'*Introduction à l'Histoire générale d'Espagne*, que nous écrivons.

Nous avons pensé qu'au moment où tous les regards sont tournés vers la Péninsule, il était curieux de rappeler, dans un récit court et complet, les grands faits qui, au prix du sang généreusement versé, avaient conquis à l'Espagne son indépendance et fondé sa monarchie.

Baron de Nervo.

Paris, juin 1869.

MONARCHIE ESPAGNOLE

I.

L'histoire est devenue, de nos jours, l'étude
la plus sympathique à tous les esprits, la plus
chère à tous les cœurs.

Le monde ancien et nouveau a été agité,
traversé par tant d'événements prodigieux et
divers, la situation, la vie, la fortune, l'honneur
de tous (tel grand ou tel petit qu'il soit), sont
venus se rattacher successivement et d'une
manière si étroite à l'origine commune, que
chacun a voulu savoir : comment sa nation s'était
formée, agrandie, constituée, — quel avait été
le berceau de l'indépendance, — à quel prix
avaient été conquises les libertés premières, —
de quel sang avait été payé l'affranchissement
du sol, — quelles épées avaient conduit les vieux
drapeaux à la victoire, — quels noms y étaient

inscrits, — par quelles dominations enfin, par quelles grandeurs ou par quels revers avait passé le pays avant de devenir la patrie à laquelle il appartient.

C'est ainsi que chaque peuple a réclamé, exigé sa propre histoire. C'est ainsi qu'il a fallu à chaque citoyen cette intime et complète révélation du passé, qui est demeurée comme la généalogie héréditaire de la grande famille, — le titre de noblesse de chacun, — la nationalité de tous.

L'Espagne, plus que tout autre peut-être, présentait dans son histoire un i ntérêt particulier. Successivement carthaginoise, romaine, arabe, maure et chrétienne, ce n'est qu'après les dominations les plus diverses, les institutions les plus opposées, les luttes les plus ardentes, que, recueillant enfin le prix du sang qu'elle avait généreusement versé, elle devint ce qu'elle fût : — une nation et une monarchie.

C'est cette première partie de son histoire, depuis ses origines jusqu'à la réunion sur les mêmes têtes des deux couronnes de Castille et d'Aragon, par le mariage providentiel de la reine Isabelle de Castille avec le roi Ferdinand d'Aragon, que nous avons entrepris d'écrire ; histoire digne, à tous égards, du plus légitime et national intérêt.

II.

Cinq âges principaux composent cette histoire : — l'Espagne carthaginoise, — l'Espagne romaine, — l'Espagne gothique, — l'Espagne arabe et l'Espagne des rois catholiques ; — celle qui a amené le grand règne de Ferdinand et Isabelle, et préparé les gloires de Charles-Quint.

III.

L'Espagne carthaginoise et romaine, celle qui existait avant la domination des Goths, a trouvé les plus illustres interprètes chez les Latins, qui semblaient s'être donné pour mission et pour but le récit de tout ce qui devait illustrer, agrandir le renom de la domination romaine. Nous trouvons dans ce nombre et parmi les plus distingués : — Tite-Live, le prince de l'histoire, ami secret de la démocratie, celui qu'Auguste, son ami, appelait *le Pompéien* ; — Plutarque, le plus sympathique des hommes, défenseur des Grecs contre les Romains, toujours pur, sobre et élégant ; — l'anecdotique Suétone,

le secrétaire préféré d'Adrien; — Strabon, le
géographe; — Eutrope, le narrateur exact; —
le classique et harmonieux Silius Italicus; — le
judicieux Polybe; — Valérius Flaccus, le poëte;
— enfin le brillant Florus, né en Espagne, et
chaleureux comme son soleil.

Parmi les auteurs d'une autre époque nous
citerons : Gibbon avec son *Histoire célèbre de
la Décadence*, doué de l'érudition la plus vaste,
ennemi né de tout ce qui était chrétien; —
Depping, aux couleurs vives et saillantes; —
puis l'immortel Robertson, — puis enfin notre
Michelet, chroniqueur varié, érudit et inépui-
sable. — Tels sont les principaux historiens
qui nous ont raconté l'Espagne romaine, chacun en leur langue, et dans des termes qui ne
s'effaceront point.

IV.

L'Espagne gothique, bien qu'assez confuse
dans les institutions et les événements qui signalèrent son existence, nous est léguée cependant sous des traits qui ont leur saillie et leur
charme.

Jornandès, Grégoire de Tours, le grand sa-

vant Isidore de Séville, san Julian, archevêque
de Tolède, nous ont laissé sur cette époque les
plus curieux documents. Plus tard, Jean de Bi-
clar et, après lui, Isidore de Beja ont continué
l'œuvre. Toutefois et à mesure que la chute de
l'Empire gothique approche, il se répand partout une telle confusion que la contradiction et
le doute commencent. C'est ainsi que l'événe-
ment principal, celui qui passe, à certains esprits, pour avoir ouvert les portes de l'Espagne
à la conquête des musulmans; c'est-à-dire les
amours du dernier roi Roderic avec la belle
Cava, puis sa défaite et sa mort à la grande bataille du Guadalète; — fait avancé par les uns,
contesté par les autres, — amours aussi funestes
que ceux de Pâris et d'Hélène; — que ce grand
fait, disons-nous, demeure à la postérité, plutôt
comme une simple tradition populaire que
comme le sérieux témoignage de l'histoire. Cet
âge a toutefois son intérêt. Quelque méritée
qu'ait été la chute de la dynastie gothique, on
ne peut oublier que des restes épars et vail-
lants des Espagnols réfugiés dans les âpres
montagnes des Asturies, naquit, sept siècles
après, la monarchie de l'Espagne.

V.

L'Espagne arabe commence à cette célèbre conquête et ne finit qu'à la fin du xɪᵉ siècle.

C'est l'histoire merveilleuse de la domination des émirs d'Orient et de leurs successeurs, avec leurs magnificences, leurs académies, leur vive intelligence et la suprême grandeur qui, à cette époque, n'avait point encore eu en Espagne de précédents.

Pour cette époque, souvent la chronique, la légende, quelquefois le roman, ont pris la place de l'histoire proprement dite. L'Espagne, aux vives imaginations, se prêtait plus que nulle autre à ces mystérieuses traditions.

D'un côté, les Arabes, renfermant religieusement en eux tous les ressorts de leur vie propre, apportaient une nature, des institutions, des croyances, des mœurs qui n'avaient aucune relation avec ceux qu'ils venaient de conquérir ; d'un autre côté, l'Espagnol, isolé par goût et par fierté nationale de tout contact quel qu'il fût, avait sa physionomie originale et particulière. En ces temps, pas plus qu'aujourd'hui, il ne voulait recevoir de qui que ce fût une impression, une direction, un modèle quelconques ;

il était lui, il voulait rester lui. Ni les doc-
trines, ni les progrès du reste de l'Europe
n'avaient franchi les Pyrénées. Si, vers la
fin du x° siècle, une sorte de révolution intel-
lectuelle s'était faite dans les esprits, en France,
en Allemagne, en Italie et ailleurs; si les expéditions des chrétiens, les croisades en terre
sainte avaient réveillé ces peuples de la léthar-
gie dans laquelle ils étaient plongés; si, en
marchant vers la Palestine, ces Croisés avaient
trouvé des contrées mieux cultivées, le commerce
plus développé, l'industrie plus florissante, les
arts plus en honneur; si, à leur retour, ils
avaient rapporté avec eux le goût des pompes,
des plaisirs, de l'élégance et du bien-être; si,
en un mot, les ombres de l'ignorance et de la
barbarie s'étaient, sous leur libérale impulsion,
successivement dissipées; — tout au contraire,
chez la vieille race espagnole, rien de ces progrès, rien de cette émancipation.

L'Espagnol était demeuré seul avec lui-
même. Sa croisade avait été sur son propre sol.
De cette guerre incessante et sans fin, il ne
lui était resté qu'une haine et un éloignement
absolus pour tout ce qui était musulman. Des
besoins, il ne s'en connaissait point; — croire,
prier et combattre, c'est tout ce qu'il savait
faire, et il lui eût semblé comme une hérésie de

participer, en quoi que ce fût, à ce mouvement
de progrès qui, à ses propres portes, entraînait
tant d'autres peuples vers une lumière nouvelle.

A cette époque donc, si l'histoire du peuple
espagnol, sa vie, ses mœurs n'existaient que
chez lui, à son propre foyer; c'est alors dans ses
chroniques les plus secrètes qu'il a fallu essayer
de surprendre cette physionomie solitaire.

Les chroniqueurs qui ont écrit sur cette cu-
rieuse et célèbre époque, comme s'ils eussent
voulu prendre rang dans le long combat que se
livraient entre eux les deux peuples rivaux (les
Arabes et les chrétiens), se sont partagés en deux
camps : les uns ont chroniqué pour les musulmans, les autres pour les Espagnols.

Pour l'Espagne musulmane, nous avons
Conde, auteur d'une histoire assez détaillée,
mais tronquée dans son esprit comme dans son
ensemble; il mourait après la publication de
son premier volume. Les deux autres n'ont été
rédigés que sur ses notes, curieuses mais
éparses. Perèz de Hîta, Cardonne, Caziri, Mur-
phy, Dunham, don Vaissette, ont, de leur côté,
vivement éclairé cette grande scène. L'un de
nos contemporains, Viardot, a fourni sur le gouvernement, les arts, les sciences, la littérature,
les impôts, la civilisation et les institutions des

Arabes et des Maures d'Espagne, les plus curieuses études. Comme style et comme grâce,
le seul qui pourrait, sous un certain rapport,
lutter avec lui, serait Southey. Son poëme
sur le dernier des rois Goths, *Roderic l'Amou-
reux*, est d'autant plus curieux qu'il retrace, avec
une connaissance parfaite des mœurs du temps,
une époque à peu près perdue pour l'histoire.

Tels sont les historiens consultés par nous
sur les Arabes et les Maures.

Du côté des chrétiens, c'est-à-dire des Espagnols, on trouve Sébastien de Salamanque,
Sampiero, évêque d'Astorga, témoin de la plu-
part des événements, le moine Silo, son conti-
nuateur, et Pelayo, évêque d'Oviédo.

Le roi Alphonse X, qui était un homme d'un
esprit supérieur, a également écrit une relation
qui part du règne d'Ordoño I", et qui n'est pas
sans intérêt: enfin Rodrigues de Tolède, cet
intrépide archevêque que l'on voit partout aux
côtés du roi, à la bataille de Las Navas et à tant
d'autres, complète, avec Luc de Tuy, les documents qui nous ont été laissés sur cette époque
célèbre. Si ces documents sont incomplets, on
comprendra facilement pourquoi, dans une
guerre qui ne cessa jamais, nul n'eut assez de
temps pour écrire à tête reposée ce qu'il avait
vu, l'épée à la main.

A côté de ces chroniqueurs viennent, à leur tour, ceux que l'on appela les romanciers. Ceux-là nous ont transmis sur toutes choses une foule de dramatiques et charmants récits.

De là, et de là surtout, sont nées pour l'Espagne ces traditions populaires qui, quelque fabuleuses qu'elles paraissent, n'en restent pas moins gravées dans la mémoire du peuple, plus profondément peut-être que l'histoire. On sait une romance, une strophe, une chanson, et on ignore le temps et le lieu où le fait s'est passé, s'il s'est passé. Ces romances forment une sorte de galerie dans laquelle se déroulent ces premiers âges, et sont gravées les grandes figures des personnages, demeurés comme le type et le modèle des héros !

A ces romances, il est vrai, jamais plus vaste sujet n'avait prêté. D'un côté, c'était un peuple de conquérants, apportant à l'Espagne la civilisation, les splendeurs et les lumières d'autres contrées ; — de l'autre, c'était une petite peuplade chrétienne luttant pied à pied pour repousser l'invasion des infidèles, inspirée qu'elle était par un double sentiment, celui de la foi et de la nationalité. Il y avait assurément dans ce contraste de deux peuples différant par les mœurs, les traditions, les croyances, le langage, et se ressemblant par une bravoure aven-

tureuse et un esprit chevaleresque, des sources
d'inspiration plus fécondes cent fois que ne
l'avaient été pour les Grecs la petite guerre de
Troie, où pour les Romains le fabuleux voyage
d'Énée, si admirablement chanté cependant. Il
ne manqua à l'Espagne qu'un Homère pour les
immortaliser.

Ces romances, sans ajouter au témoignage
des chroniqueurs, sont devenues cependant une
sorte de tradition populaire que les générations
ont tour à tour, et jusqu'à nos jours, acceptées,
goûtées, chantées avec amour.

On en citerait mille au besoin ; — le tribut
des cent jeunes filles imposé aux chrétiens par
les musulmans et aboli par Alphonse le Chaste,
— les exploits de Bernard del Carpio, — l'histoire des sept enfants de Lara, — les entre-
prises magnifiques du Cid, — puis toute la vie
du grand Gonsalve de Cordoue, — puis ses
amours avec la belle Zulema, — puis toutes les
romances des rois maures, — puis la triste fin
des Abencerrages, — puis le dernier soupir du
dernier roi de Grenade ; — tout cela a été et
est encore appris aux enfants sur les genoux de
la mère, tout cela a été chanté aux âges qui se
sont succédé, tout cela est cru, comme l'histoire
même. — On croit toujours ce que l'on a chanté !

Ainsi a été écrite, soit par les chroniqueurs,

soit par les romanciers, cette partie de l'histoire
des Arabes et des Maures : là, nous avons puisé
à grands traits l'intérêt de notre récit.

VI,

Le cinquième âge comprend la période des
rois chrétiens, luttant contre les musulmans,
jusqu'à l'avénement définitif de Ferdinand et
d'Isabelle la Catholique.

Ici, la scène change, la Castille est réunie
au royaume de Léon; Tolède, l'antique métro-
pole des rois Goths, est conquise, et la marche
prompte et délibérée de cette monarchie chrétienne est telle que, dès ce moment, l'histoire
change complétement de couleur et d'allure.
Dès lors, la chronique et le roman s'effacent
des imaginations. Les faits prennent un caractère d'ensemble plus coordonné et plus net; on
sent qu'au fond de toutes ces luttes qui vont
surgir, il règne une idée mère, qui sans doute
va rencontrer mille rivalités, mille ambitieuses
compétitions, mais qui, au fond, et un jour,
doit aboutir à quelque chose d'un et de stable:
LA MONARCHIE.

C'est ainsi qu'à cette grande époque on voit
surgir les ardentes guerres des rois catholiques
contre les disciples de l'islam, qui de domi-
nateurs qu'ils étaient, se voyaient déjà réduits
au rôle de défenseurs de leur conquête, me-
nacée, attaquée, combattue partout. — C'est
alors qu'apparaissent sur la scène le célèbre Alphonse VIII, — le grand Ferdinand de Castille,
— Alphonse le Batailleur, — Jacques le Conquérant, — puis la sévère physionomie de Pierre
le Cruel, — puis celle de Henri de Transtamare,
— puis un ministre fameux, Alvaro de Luna,
perdant la tête sur l'échafaud, — puis enfin le
lamentable règne de Henri IV de Castille qui
déposé par ses propres sujets, laisse la couronne
moins respectée qu'elle ne l'avait jamais été, et
cette royauté castillane prête à périr.

Heureusement il était réservé à une jeune
femme, à une reine, à Isabelle de Castille, en
donnant sa main à Ferdinand d'Aragon, de
relever l'Espagne de la décadence qui la menaçait une troisième fois, et de constituer enfin
cette monarchie espagnole, qui deviendra sous
son successeur, sous Charles-Quint, l'une des
plus puissantes et des plus redoutées de l'Europe.

Les obstacles semés sur les pas de cette jeune
princesse, son voyage mystérieux, son entrevue
avec le roi Ferdinand, sont autant de détails

sympathiques et charmants qui finissent de la manière la plus dramatique cette partie de notre histoire.

VII.

Pour traiter cette époque des rois catholiques, les historiens ne nous ont point fait faute.

Luc de Tuy et Rodrigues de Tolède nous ont facilement conduits jusqu'à 1240, puis sont arrivés à leur tour les grands historiens.

Zurita s'est particulièrement occupé de l'Aragon, il était le secrétaire des cortès nationales, il a fait, pour ainsi dire, l'histoire constitutionnelle de ce royaume.

Zayas, Blanca et Arroya ont également fourni des renseignements précieux. A l'étranger, on connaît et on consulte peu ces auteurs, ils sont cependant dignes d'une lecture sérieuse. Les uns ont écrit dans la langue maternelle, les autres ont préféré l'idiome latin; tous ont su conserver le caractère simple et grave qui convient à l'histoire.

Il est toutefois, entre ces historiens nationaux, trois noms qui marchent à la tête de tous les autres : Mariana, Ferreras et Masdeu.

Mariana fut le Tite-Live de l'Espagne. Né à
Talaveyra-la-Reina en 1537, il mourut à Tolède
en 1634. Il appartenait à la congrégation des
jésuites. Après avoir fait ses études à l'univer-
sité d'Alcala, il avait successivement professé la
théologie à Rome, à Palerme et à Paris. Rentré
en Espagne en 1574, c'est alors qu'il avait com-
mencé son *Histoire générale*. Comme il possé-
dait à fond la langue latine, il composa d'abord
son histoire dans cet idiome, puis il la traduisit
plus tard en castillan. Son but bien marqué fut
d'imiter les anciens. Trois auteurs, O'campo,
Moralès et Garibai jouissaient alors d'une
grande réputation; Mariana s'aida beaucoup de
leurs ouvrages pour composer le sien. Néanmoins il trouva beaucoup de critiques, fort
amères même, dans son propre pays. Le père
Mantuana, secrétaire du connétable de Castille,
et Hurtado de Mendoza l'attaquèrent vivement.
Un écrivain contemporain, Saavedra, fut plus
sévère encore, c'est lui qui n'a pas craint de
dire, en parlant de la prétention de Mariana à
affecter l'ancienneté dans son style, que « de
« même que les vieux se teignent les cheveux
« pour avoir l'air jeune, de même Mariana se
« les teignait pour avoir l'air vieux. » Méchante
phrase qui ne détruit en rien le mérite réel de
l'historien, exact, ordonné, judicieux, l'un des

meilleurs assurément qu'ait produits l'Espagne ancienne.

Ferreras est un historien également recommandable ; il avait reçu les ordres à Salamanque, en 1672, et, après y avoir professé la philosophie, il administrait la cure de Talaveyra-la-Reina, lorsque le cardinal de Porto-Carrero l'appela auprès de lui. C'est là qu'il occupa ses loisirs à composer et à écrire son histoire.

Comme il vivait dans un siècle plus éclairé que celui de ses prédécesseurs, il eut l'avantage de pouvoir profiter d'une foule de matériaux inconnus ; voilà pourquoi il est en général plus judicieux. — Le sentiment national et chrétien qui règne dans son œuvre est digne de remarque, il atteste un esprit convaincu et fort élevé.

Masdeu est un historien contemporain. Né en 1740, il ne mourut qu'en 1817. Il est le premier qui ait entrepris de traiter de l'histoire de son pays, en critique et en philosophe. Ses premiers volumes furent publiés en italien, il les composa pendant son séjour à Foligno. Plus tard, il recommença le tout en espagnol. Cet ouvrage ne fut publié qu'en 1800. Son travail a fait époque, et jeté un jour nouveau sur les temps qu'il a passés en revue. La manière dont il a envisagé les progrès relatifs de la civilisation, quelque lents et contrariés qu'ils aient été suivant les

différents régimes qui se succédèrent, est vraie,
très-finement et sagement déduite des faits et
des temps. Masdeu est d'ailleurs élégant , pur
et presque poétique. C'est un excellent guide à
consulter et à suivre.

VIII.

Parmi les étrangers à l'Espagne qui ont
écrit sur son histoire, il en est aussi qui sont
excellents à consulter, les Français surtout.

Viardot, le premier entre tous, a fait une
étude consciencieuse et profonde des mœurs,
des institutions qui ont régi l'Espagne, sous tous
les régimes qu'elle a traversés. C'est ainsi qu'on
trouve soit dans son *Essai sur l'histoire des
Arabes et des Maures en Espagne*, soit dans ses
*Études sur l'histoire des institutions et de la
littérature espagnoles*, des données, des révé-
lations aussi précieuses par leur exactitude que
distinguées par les fins aperçus qui signalèrent
la vive intelligence de ce peuple conquérant et
civilisateur.

Romey a fait une histoire générale du plus
grand mérite. Ses dates, ses chronologies, les

faits présentés sont classés avec une merveil-leuse méthode ; il a saisi au naturel l'histoire qu'il a racontée ; et il a su, à travers les obscu-rités attachées aux premiers pas de cette mo-narchie qui doit devenir si grande, mettre aux mains du lecteur ce fil qui ne cesse de guider ses pas, au milieu des compétitions les plus con-traires : malheureusement cette histoire n'a pas été terminée. Pour l'époque que nous écri-vons, Romey nous a été d'un secours no-toire.

Rossew–Saint-Hilaire ne le cède point à son rival. Dans son histoire, tout est exact, classé à sa place, suivant les temps, les époques : elle donne surtout une idée très-vraie des personnes. Cette physionomie propre des acteurs joue chez l'historien le plus grand rôle, les portraits doi-vent être ressemblants, ils ont du relief et du mouvement. C'est la vie même de l'histoire, que de savoir la communiquer aux person-nages qui paraissent sur cette grande scène ; ce sont des résurrections qu'il n'est pas donné à tout le monde de savoir faire. Sous ce rapport, l'histoire de M. Rossew-Saint-Hilaire est vivante et animée.

Tels sont les principaux guides qui nous ont aidé à trouver le fil de l'histoire même dans ce véritable labyrinthe où la voie fait défaut à

chaque pas. Tels sont les auteurs consultés pour
cette époque des premiers âges que nous avions
à retracer.

IX.

Dans un semblable récit, à travers cet en-
fantement laborieux d'une monarchie qui de si
petite devint si grande, au milieu de cet ébran-
lement général de tout un peuple, de ces guerres
ardentes qui durèrent si longtemps, que l'on
peut dire que, durant ces siècles entiers, l'épée
du combat ne quitta point la main des fiers enfants de l'Espagne, une triste réflexion assiége
l'historien : on se demande avec une sorte
d'anxiété ce que durent être, ce que purent être
en ces siècles de fer la famille, la société, les
liens qui unissent entre eux tous les hommes,
et on se prend à s'attrister grandement sur ce
qui dut manquer à ces générations sans repos,
de liens, d'affections et de douces consolations !
Moins aptes peut-être que nuls autres à ju-
ger de cette situation, du point de vue auquel
est arrivée la civilisation de nos jours, on peut
cependant se dire que ces maux furent assurément moins grands parce qu'ils furent moins

sentis. Quiconque aura voulu, comme nous, étudier à sa source même l'esprit propre et particulier de ce grand peuple, quiconque aura voulu prendre sur le fait même cette nature toute d'aventures, ces hommes qui ne savaient vivre que du bruit de la guerre, des hasards du combat, des fiertés de la victoire et des profits de la conquête; aura compris comment une semblable vie pouvait tenir lieu de bien des jouissances.

Un autre sentiment, le plus puissant peut-être qui existe dans le cœur de l'homme, LA NATIONALITÉ dominait chez les vieux Espagnols toute autre pensée. Ce fut ce sentiment qui, durant des siècles de luttes et de sang, arma tous les bras, inspira tous les courages, ce sentiment que ne purent définitivement vaincre tous ceux qui successivement imposèrent leur joug à cette intrépide et noble nation.

Faire de la vieille Espagne, des Romains, des Goths ou des Maures, c'est ce à quoi nul des conquérants ne put arriver, quelque longue ou quelque puissante qu'ait été sa domination.

Un coup d'œil sur ces diverses dominations, et sur les causes de leur successive décadence, va développer ce curieux et national enseignement.

X.

Les Grecs, on le sait, avaient été les premiers fondateurs des colonies qui existèrent sur
les côtes d'Espagne et dans les plaines de l'Andalousie. Les plus belles villes, Cadix, Malaga,
Séville, Cordoue, avaient été fondées par eux;
une prospérité sans égale régnait dans ces cen-
tres de commerce.

Ce fut cette prospérité qui fit leur perte.

Carthage, déjà si renommée par sa puissance maritime et l'activité de son commerce;
Carthage dont l'unique pensée était d'étendre
partout ses établissements, n'avait point vu, sans
jalousie, se développer à ses portes ces rivales
de sa puissance; elle résolut de s'en emparer.
Elle n'y réussit point sans peine, et pour y par-
venir, déjà elle eut à compter avec cet esprit
d'indépendance qui n'a cessé de marquer d'un
trait si saillant et si vif le caractère espagnol.

Sagonte, qui s'était mise sous la protection
de Rome, fut la première assiégée par les Carthaginois. Après neuf mois d'un siége mémora-
ble, les vainqueurs n'y avaient trouvé que des
cendres. Tous ses habitants s'étaient jetés avec
leurs femmes, leurs enfants et leurs richesses

dans un vaste brasier! Tel avait été le premier cri de l'indépendance espagnole!

Au feu de Sagonte s'alluma la foudre qui devait éclater entre Rome et Carthage. Dès ce jour, l'Espagne devint le théâtre des plus grandes guerres qui se fussent encore déclarées sur son territoire. Chacun des combattants y eut des fortunes diverses. Les deux Scipions y périrent. L'indépendance fit encore une fois entendre sa voix, un soulèvement général contre les envahisseurs eut lieu, et la terreur qu'inspirait à Rome même cette fière terre d'Espagne était telle que nul n'osait et ne voulait aller y venger la mort des deux Scipions.

Un seul pourtant se présenta. — Fils de l'un de ceux qui avaient péri dans la première guerre, Scipion l'Africain, jeune général de vingt-quatre ans, arriva. En moins de cinq ans il avait partout défait et chassé les Carthaginois. Dès lors l'Espagne était devenue une province romaine.

Ainsi avait fini pour jamais la domination carthaginoise en Espagne. Elle avait duré deux siècles à peine.

Durant cette première période de la conquête, assurément rien, dans ses mœurs et les institutions apportées par les Carthaginois, n'avait rallié à sa domination les populations conquises. Les Carthaginois étaient restés pour les

Espagnols des ambitieux et des oppresseurs;
un sentiment d'allégresse générale salua leur
départ et leur défaite.

XI.

Le maître qui succédait était-il meilleur à
l'Espagne? il y avait fort à en douter, et tout à
craindre. La République romaine déjà était
connue par sa fierté, sa dureté, son ambitieuse
omnipotence; ses proconsuls, ceux qui étaient
envoyés pour gouverner les pays conquis,
étaient renommés plutôt par leur rapacité que
par leurs vertus, ils avaient, pour appuyer leur
puissance, des armées fameuses par leur bravoure et leur discipline; à ces conditions, le
joug romain menaçait d'être plus dur que celui
de Carthage.

Il le fut en effet. Les populations ne tardèrent point à être partout dépouillées, et un
demi-siècle ne s'était point écoulé, que déjà la
Catalogne, l'Andalousie, la Castille, en un mot
l'Espagne presque entière, s'était soulevée
contre ses nouveaux maîtres.

Un chef, comme il s'en trouve toujours (en
Espagne surtout), un hardi partisan, Viriathes,
était à la tête de cette insurrection nationale.

Elle dura quatorze ans consécutifs, et elle eût fini par triompher peut-être, si Rome, ne pouvant la vaincre par les armes, ne l'avait anéantie par l'assassinat.

Viriathes assassiné dans son camp, l'insurrection avait dû céder, et les vaincus se réfugier dans les murs de Numance, où ils attendirent l'heure de venger la mort de leur général.

Numance, en effet, après mille combats soutenus avec vaillance contre l'oppression des Romains, était devenue le dernier refuge de l'indépendance espagnole. Numance avait conservé la tradition de ses frères de Sagonte, elle n'y faillit point. Après une défense héroïque, comme Sagonte, elle s'ensevelit sous ses ruines. Nul être vivant n'était resté pour ouvrir la porte du rempart, il fallut l'enfoncer pour entrer.

La chute de Numance fut, comme celle de Sagonte, un grave échec aux patriotes espagnols ; toutefois les montagnes des Asturies ouvrirent encore une fois un asile à ceux qui s'y réfugièrent.

Pendant longtemps alors, pendant près de cinquante ans, l'Espagne essaya de se consoler de la perte de sa liberté par le développement de sa prospérité intérieure ; elle n'y réussit qu'à demi. Le joug ne cessait de lui peser ; entre l'opprimé et l'oppresseur le duel restait à vider, il ne manquait qu'un chef, il se trouva encore.

Celui-là n'était point Espagnol, il était Romain. Proscrit par Sylla, chassé d'Italie, il haïssait Rome plus encore qu'un Espagnol. Comme militaire, sympathique aux frères des courageux défenseurs de Sagonte et de Numance, il vint se mettre à leur tête, Sertorius était son nom. L'appel à la liberté fut bientôt entendu, de toutes parts on prit les armes, deux armées envoyées par Sylla furent battues, et depuis huit années, Sertorius, indépendant et vainqueur, jouissait, avec l'Espagne affranchie, d'une prospérité inconnue, lorsqu'une seconde fois, Rome ne pouvant vaincre ce chef illustre, l'assassina.

Avec Sertorius s'évanouit une dernière fois toute liberté. L'Espagne suivit la destinée de ses maîtres, et après la bataille de Pharsale, elle échut à César jusqu'à la chute et la fin de la République.

Sous la domination de la République, on le voit, le grand fait qui avait régné et avait dominé tous les autres avait été le fier et vivace sentiment de l'indépendance. Sagonte, Numance, Viriathes, Sertorius, en avaient été la glorieuse expression ; et si, d'un côté, cette grande République romaine, avec la discipline de ses armées, la sévérité de ses proconsuls, l'adresse et l'esprit de ses institutions avait su durer près de deux siècles, elle n'avait cependant laissé sur cette terre conquise aucun germe de nationalité. — L'Espagne était demeurée ce qu'elle était, — une étrangère pour cette fière République romaine.

XII.

L'ère des empereurs apporta à l'Espagne une situation tout à fait différente. Les empereurs avaient senti que l'Espagne était, par sa position, par sa richesse, par son industrie, par le mâle caractère de ses habitants, l'une des plus importantes parties de l'Empire. Ils lui apportèrent alors une administration, des institutions, des lois plus en rapport avec la liberté perdue, espérant ainsi nationaliser leur conquête.

A ces fins, l'Andalousie, le Portugal, l'Estramadure, la Castille, la Catalogne, la Biscaye, reçurent une organisation locale et presque libre : des droits considérables furent concédés aux villes, aux corporations, aux conseils électifs des communes, et, sauf la perception des impôts laissée aux Romains, collecteurs du fisc, presque tous les emplois furent remis aux mains des citoyens.

Les empereurs, en outre, voulant donner à ce grand peuple, à son intelligence, à son travail, à son industrie un plus complet essor, avaient encouragé, favorisé tous les progrès; son sol était devenu le plus fertile, son commerce le plus florissant. De leur côté, les arts, enfants de la paix, avaient marqué leur place dans ce grand mouvement de la civilisation romaine. Sous les empereurs, l'Espagne avait vu s'élever sur son sol plus de monuments, de théâtres, de ponts, de cirques, que Carthage et la République n'en avaient édifiés. Des routes s'étaient ouvertes partout, du nord au midi, du levant au couchant; ces routes, toutes pavées en granit, et bordées de bornes miliaires, parcouraient une distance de 3,850 lieues, toutes aboutissaient dans les Gaules et à Rome.

L'Espagne d'ailleurs semblait avoir eu un droit particulier à ces faveurs presque nationales pour elle; plusieurs des empereurs, des plus illustres et des meilleurs, étaient ses enfants; Trajan, Adrien, Marc-Aurèle et Théodose étaient Espagnols.

L'avénement de l'empereur Constantin apporta à cette situation de considérables modifications.

Dès qu'il eut ceint la couronne, l'unité qui avait résidé dans le pouvoir central établi à

Rome, cette unité, qui fait la force des empires, disparut. Constantin, en faisant d'un seul empire deux empires distincts, celui d'Orient et celui d'Occident, en transportant le siége principal du gouvernement à Constantinople et ne laissant à Rome que le second rang, affaiblit évidemment sa puissance. Alors l'Espagne devint, comme la Gaule, une simple préfecture exclusivement livrée à l'arbitraire d'un gouverneur.

Cette première cause de l'affaiblissement de la puissance romaine en Espagne fut suivie d'une autre beaucoup plus grave, la reconnaissance, par l'empereur Constantin, du christianisme, comme religion d'État.

Le christianisme avait été depuis longtemps déjà apporté en Espagne par l'un des plus illustres apôtres de la nouvelle croyance, saint Jacques, qui, mis à mort par les Romains à Jérusalem, est enseveli à Compostelle, et est demeuré le patron vénéré de l'Espagne.

Le christianisme était, par l'extérieur de ses pratiques, la pompe de ses cérémonies, singulièrement sympathique à l'imagination exaltée du peuple espagnol. Par la haine de l'esclavage romain qu'il enseignait, l'égalité qu'il prêchait, la fraternité qu'il établissait entre tous les hommes, la liberté qui était sa première loi,

il était comme un saint appel à l'affranchissement moral et politique des peuples. Aussi en
Espagne fit-il, dès l'abord, de nombreuses con-
quêtes. La persécution contre les chrétiens, si
acharnée à Rome, n'osa guère s'y exercer que
pour le principe, et au moment où l'empereur
Constantin embrassa la foi chrétienne, on peut
dire qu'elle était déjà celle de presque toute
l'Espagne.

A côté de l'introduction du christianisme
dans les mœurs publiques, le pouvoir donné à
ses ministres avait été une plus grande cause encore de l'affaiblissement de la puissance romaine.

Les institutions nouvelles édictées par l'empereur ayant appelé directement les évêques à
prendre une part dans le gouvernement, il s'en
était suivi que bientôt le clergé s'était vu in-
vesti d'une autorité presque égale à celle des
chefs d'État, et que, bientôt aussi, l'organisation
religieuse s'étant constituée sur une base aussi
solide que celle qui avait été donnée à la Con-
stitution civile, — cette dernière s'était affaiblie
de tout ce que sa rivale avait gagné.

A ces causes évidentes d'affaiblissement,
d'autres encore, tout aussi puissantes, ne tardèrent point à se manifester.

L'Espagne, si matériellement prospère sous
les prédécesseurs de Constantin, n'avait point

tardé à se voir de nouveau livrée à l'arbitraire
comme à la rapacité des gouverneurs. Le tribut
exigé dépassait toutes les forces de ceux qui
l'acquittaient; Constantinople réclamait pour elle
les plus pures des ressources de ce pays bientôt
épuisé; l'armée régulière et disciplinée qui
maintenait l'ordre avait fait désormais place
à une bande de mercenaires sans foi, à qui
tout était permis; les grandes armées romaines
avaient cessé d'être, la soldatesque était restée.
A la mort de Constantin, toute autorité avait dis-
paru. Un autre enfant de l'Espagne, l'empereur
Théodose, essaya bien de l'y ramener; il n'y
réussit qu'à peine, et, après lui, le désordre
éclata pour ne plus cesser.

Alors ses successeurs dégénérés entrèrent à
pleins pas dans ce bas-empire, au fond duquel
l'histoire ne trouve que débauches, rapines et
infamies; tout pouvoir s'anéantit, et de ce grand
empire romain, si robuste et si sain, il ne resta
qu'un corps décomposé sur lequel se jetèrent
les barbares, « comme ces oiseaux de sinistre
augure qui, guidés par un sanguinaire instinct,
s'abattent sur un cadavre déjà tombé en pour-
riture et s'en disputent les débris! »

Telle fut, en Espagne, comme dans le reste
du monde la lamentable fin de la domination
romaine. Le dégoût public en effaça aussitôt

jusqu'à la moindre trace, et le peuple rendu à
lui-même (ce peuple qui ne périt jamais) n'eut
plus qu'à se retirer, avec ses évêques, dans une
sorte d'indépendance, en attendant de nouvelles
destinées.

On le voit, la domination romaine, quelle
qu'elle fût, n'avait apporté ou laissé à l'Espagne
aucun germe de nationalité. Sous la République,
cette domination avait été dure, combattue ou
mal supportée par l'indépendance des conquis.
Sous les empereurs, plus douce aux populations,
plus favorable aux intérêts comme aux libertés
publics, elle avait cependant fini, avec ce même
empire, par les exactions, les défaillances et les
divisions qui l'avaient étouffée sous le mépris
public.

Alors encore, la vieille race espagnole était
demeurée avec les souvenirs et les traditions de
son indépendance, et s'était promis de n'y point
faire défaut.

Si, à cette époque de défaillance romaine, un
chef digne de ce nom, un second Viriathes, eût
su constituer la nation, il eût épargné à l'Espagne
huit siècles de combats et de sang, mais cette
heure n'était pas encore venue : — une autre
domination allait s'implanter sur ce sol, déjà
si tourmenté.

3

XIII.

Lorsque les barbares détruisirent l'empire romain, les premiers qui avaient apparu en Espagne avaient été les Vandales, gens féroces et sans lois. Cette invasion avait peu duré, et lorsque apparurent à leur tour, sur le sommet des Pyrénées, d'autres conquérants, les Goths, leur arrivée en Espagne fut presque une délivrance.

Les Goths, qui doivent régner durant trois siècles, sortaient des provinces de la Scandinavie, la Suède actuelle. Ils étaient civilisés, apportaient avec eux des lois qui étaient sages, et surtout, ce qui devait être pour les Espagnols un lien puissant, ils étaient chrétiens. Seulement ils étaient (une grande partie du moins) voués à l'arianisme, hérésie qui ne tarda point à disparaître sous l'un des rois de cette nouvelle monarchie. A ce premier moment donc, aucune hostilité contre les nouveaux venus.

Les Goths ne tardèrent point d'ailleurs, sous une multitude de rapports, à se mêler d'une manière presque complète avec ceux dont ils avaient fait la facile conquête. — Arrivés des froides contrées du Nord et subitement transplantés

sous ce doux et limpide climat de l'Espagne, ils
eurent bientôt pris les coutumes, les usages, les
mœurs commodes de ceux au milieu desquels
ils vivaient; la fusion se fit dès l'abord avec une
telle facilité que, en peu d'années, on eût dit le
même peuple; différence déjà bien sensible avec
les Romains, demeurés Romains pendant six siècles entiers. Les rois de cette nouvelle monarchie, d'autre part, apportaient avec eux des institutions et des lois qui ne pouvaient qu'être
sympathiques aux habitants de l'Espagne.

Afin de repousser efficacement les incursions
de ceux qui tentaient toujours de s'emparer de
quelque territoire, les rois goths commencèrent
par constituer des fiefs, dont ils firent la conces-
sion, à charge pour ceux à qui ils les concé-
daient, d'assistance immédiate dans la défense
commune. Les feudataires de ces nouveaux pro-
priétaires, attachés comme eux à la conservation
du sol, se constituèrent ainsi dans une sainte et
mutuelle ligue contre toute usurpation du do-
maine, et, en cela, il y eut déjà un germe de
nationalité qui servit singulièrement à la popu-
larité et à l'assiette de la monarchie gothique
en Espagne.

Les trente rois de cette monarchie, qui com-
mencée l'an 407 devait finir en 710, eurent,
comme tout ce qui vit sur cette terre, et princi-

palement sur les trônes, toutes les phases de succès et de revers.

L'Espagne entière ne fut guère au pouvoir du second de ces rois que vers l'an 415. Sous le règne de Théodoric, une civilisation plus douce s'introduisit dans tous les rangs, et, plus tard balayant devant lui tout ce qui pouvait encore rester en Espagne des défaillances du bas-empire, Eurick demeura le premier roi véritablement national de sa race. — Eurick était en même temps le premier des législateurs de son époque. Le nouveau code qu'il publiait sous le nom de *fuero jusgo*, en rassemblant dans un seul livre les coutumes des anciens Goths, apportait à cette vieille législation tous les changements qui convenaient à une société mieux ordonnée, et introduisait un juste équilibre entre les pouvoirs du souverain et du peuple. Malheureusement ces lois si sages ne convenaient pas encore à la situation du peuple auquel elles s'adressaient; c'était un code auquel il manquait des citoyens.

Néanmoins, et malgré ces titres incontestables à l'affection de ses nouveaux sujets, la persécution que ce roi arien avait dirigée contre les chrétiens ne tarda point à lui attirer les plus vives animadversions et les vengeances les plus directes.

Bientôt la situation de la royauté gothique devint des plus précaires, la haine entre les ariens et les catholiques s'envenima, le clergé intervint et menaça de sa puissance la royauté elle-même.

Dans cette difficile situation, un nouveau roi, Récarède, comme Constantin et comme Henri IV plus tard, pensa avec raison que la couronne d'Espagne valait bien une messe : il se fit catholique.

Par cette subite et habile conversion, la nation tout entière se trouva réunie dans la même croyance, mais en même temps le pouvoir royal se trouva diminué de toute la part qu'exigea le clergé. Tous les évêques précédemment exilés furent rappelés, leurs priviléges leur furent restitués, une église fut construite à cette occasion, et le roi lui-même, après avoir fait amende honorable entre les mains du pape, dut prononcer son abjuration à genoux devant le concile des évêques. A cette condition seule, il reçut l'huile sainte dans la cathédrale de Tolède.

Tel fut le grand et premier pas de la théocratie vers l'autorité suprême.

Dès lors le clergé se trouva revêtu de cette autorité qui devait bientôt plus que balancer celle de la royauté ; dès lors aussi la vieille race espagnole, la première encore par son origine, par ses traditions, par l'ancienneté de sa foi, demeura la plus puissante, sous la redoutable protection de ses évêques et de ses conciles.

Les conciles étaient, en ces temps, la loi même de l'État. C'était une institution politique au premier chef. Le droit de les convoquer appartenait bien au roi, mais la discussion des lois à intervenir, les mesures d'administration, de police, le gouvernement en un mot, relevaient directement de ces assemblées dont le clergé formait la tête et la majorité.

Cette autorité des conciles fit en peu de temps de tels progrès que, sous le règne de Ziserand, saint Isidore, évêque de Séville, étant président, les canons allèrent jusqu'à déclarer en principe que désormais nul ne pourrait être élevé au trône que par le choix des prélats et des grands. Si le monarque ainsi choisi avait manqué à ses engagements, les prélats se réservaient le droit de délivrer le peuple de son serment. Ainsi le clergé s'arrogea le droit qui fut désormais la loi même de la monarchie gothique, et dès ce moment on peut dire qu'il ne resta plus que l'ombre même de cette royauté impuissante et humiliée.

Ce régime des conciles et des synodes fut la préparation, bien des siècles après, à la sainte ligue d'Aragon et au redoutable tribunal de l'inquisition.

Cette organisation politique qui portait avec
elle un si singulier caractère, ayant anéanti
presque complètement le pouvoir royal, les rois
qui se succédèrent ne donnèrent plus au gouvernement de l'État qu'une médiocre attention;
les haines et les rivalités éclatèrent, les renver-
sements se succédèrent, et bientôt ces souve-
rains dégénérés, donnant l'exemple des débauches les plus honteuses, une démoralisation
profonde devint l'apanage du trône et de ceux
qui l'entouraient. L'un de ces rois, Witiza, alla
même jusqu'à permettre par une loi l'usage
de la pluralité des femmes, et un concile as-
semblé à Tolède s'associa à ces immoralités.
Ce roi fit plus, il ne craignit point de rappeler
les juifs qui avaient été expulsés par un de ses
prédécesseurs.

Le désordre et la débauche sont choses con-
tagieuses; bientôt ils se répandirent dans toutes
les classes, et, comme le Bas-Empire romain,
cette monarchie gothique, qui avait donné tant
d'espérances, tombait, au bout de trois siècles,
dans le même mépris et le même dégoût.

Le dernier roi de cette monarchie, Roderic,
montait à peine sur ce trône ébranlé de tous
côtés, que la jalousie de ses rivaux et l'attentat
qu'il passa pour avoir commis sur la fille du
comte Jullien, gouverneur de Ceuta (la belle

Cava) ouvraient encore une fois à l'Espagne du
viii° siècle des destinées nouvelles.

Les Arabes venus de Ceuta, à l'appel du
comte Jullien, abordaient à Gibraltar, à la tête
d'une armée nombreuse, et, le 26 juillet 711,
présentaient la bataille au roi Roderic, sur les
bords du Guadalete.

Après quatre jours de carnage, la victoire
demeurait aux Arabes et l'Espagne était conquise de nouveau.

Ainsi avait péri cette monarchie gothique
qui cependant avait en elle, si elle l'avait voulu,
tant de moyens de fonder en Espagne, par la
foi et par la liberté, un état de choses durable.
La couronne lui échappa du jour où elle confia,
sans réserve, à un clergé dissolu le pouvoir
qu'elle n'eut pas la force d'exercer seule.

Toutefois, il faut le dire, toute la nation ne
s'éteignit point dans la monarchie qui s'en allait
ainsi ; une portion considérable du clergé se
maintint dans sa dignité, et devant la nouvelle
conquête qui s'avançait, elle se retira, une fois
encore, avec la vieille race espagnole au fond
des montagnes, qui, au temps des Romains,
l'avaient déjà recueillie. C'est là que se forma
bien, cette fois, le noyau de cette résistance
nationale qui va, durant huit siècles, se conden-
ser, se recruter, s'affirmer, pour se traduire

enfin par la conquête entière du sol et la fondation de la nation et de la monarchie.

Si donc, jusqu'à présent, ni les Romains ni
les Goths n'avaient pu réussir à établir en
Espagne leur puissance et leur nationalité,
voyons pourquoi les Arabes et les Maures essayèrent vainement, à leur tour, d'établir la leur.

XIV.

La domination musulmane en Espagne dura
près de huit siècles. Inaugurée en 711, après la
défaite du dernier roi des Goths, à la bataille
du Guadalete, elle ne fut renversée qu'en 1492,
par les armes réunies de Ferdinand et d'Isabelle, et la conquête de Grenade.

Une domination qui a duré huit siècles avait
évidemment en elle un principe d'autorité d'un
grand poids, et il lui a fallu des causes de des-
truction bien profondes pour être arrivée,
comme celles qui l'avaient précédée, à la même
ruine. — Ce sont ces causes qu'il appartient
à l'histoire de rappeler.

Si jamais il exista une loi politique qui ren-
fermât les conditions d'une véritable puissance,
ce fut la loi de Mahomet. Dans la même per-

sonne (celle du souverain) unité de foi, unité de
gouvernement, unité de culte réunis : telle était
la loi du Coran.

Par une sorte de délégation, les califes
réunissaient entre leurs mains tous les pouvoirs
religieux, administratifs, judiciaires, militaires;
tenaient dans les mêmes mains jusqu'à la vie
des croyants, puis, de cette suprême autorité,
relevaient spirituellement et hiérarchiquement
tous ceux qui, à des titres différents, exerçaient
le pouvoir. Ainsi constitués, les nouveaux conquérants de l'Espagne apportaient donc avec
eux toutes les conditions de force, de respect et
de durée.

Lorsqu'ils entrèrent (710) la situation des
chrétiens était celle-ci : les enfants de tous ceux
qui, avec Constantin ou avant lui, s'étaient
convertis au christianisme, ainsi que tous ceux
qui, sous les rois goths, avaient embrassé la
même foi, peuplaient une partie considérable
du territoire; les grandes villes principalement
en étaient remplies, ils y exerçaient des mé-
tiers, des industries; ils formaient la partie
riche, nombreuse et occupée de la population.
Ceux de la campagne y jouissaient très-libre-
ment des droits qui leur avaient été concédés
par les rois goths, et nous avons dit comment
attachés au sol par les concessions de terres qui

leur avaient été successivement faites, à titre
de feudataires, ils en étaient comme les posses-
seurs. Pour eux, c'était déjà la patrie.

A cette population chrétienne il fallait ajouter ceux qui, retirés avec leurs évêques et leurs
saintes images dans les montagnes inaccessibles
des Asturies, y étaient demeurés, non point sou-
mis comme les autres aux nouveaux conquérants, mais, au contraire, toujours prêts à reprendre les armes pour reconquérir le sol et la
liberté.

Tel était l'état des chrétiens à l'arrivée des
Arabes.

Les émirs, devant une semblable situation,
et avec la grande finesse qui caractérise cette
race distinguée, sentirent parfaitement que la
seule ligne de conduite possible était la modé-
ration, aussi furent-ils, dès les premiers jours,
les maîtres les plus faciles. Ils protégèrent le
culte chrétien, permirent partout son exercice
intérieur, reconnurent sa hiérarchie ecclésias-
tique, allèrent même jusqu'à autoriser leurs
conciles, et admirent les chrétiens à tous les
emplois civils. Sous ces conditions et avec une
semblable douceur, le conquérant et le conquis
durent être promptement assimilés; ce fut là le
trait distinctif de ce premier établissement.

Il n'en fut pas de même, tant s'en faut, des

émirs et des gouverneurs de province entre
eux. Leur domination ne fut qu'une longue et
intestine rivalité. Il en est quelques-uns qui
essayèrent bien, par leur justice, par leur fer-
meté, de ramener l'ordre et l'obéissance parmi
ces révoltés, ils y parvinrent à peine. L'un
d'eux, Abdérame, marqua son passage par une
sorte de réconciliation et de retour au respect
dû à l'autorité, mais, appelé au dehors par le
grand projet de conquête rêvé par les Arabes
sur les Gaules, il avait été mourir à la bataille
de Poitiers. Les successeurs d'Abdérame furent
loin de lui ressembler, et déjà, quarante-six
ans après la fondation de ce premier établissement, ils s'éteignaient dans l'anarchie qui
déchirait la nouvelle conquête et l'eût assurément frappée de mort si une dynastie nouvelle
et indépendante, celle qui fonda le *califat de
Cordoue,* n'était venue rendre la vie à cet empire qui s'écroulait.

Déjà, on le voit, la désunion a précipité la
ruine de ce premier établissement musulman.
— Durant cette phase de l'histoire et à la faveur
de ces dissensions, de leur côté, les chrétiens
militants, ceux qui s'étaient réfugiés dans les
Asturies s'étaient, au contraire, réunis, constitués, et déjà, vers 740, Alphonse le Catholique
était parvenu à fonder un royaume de Galice et

des Asturies auquel il avait joint la principauté
de Léon : ce fut là, le noyau du futur royaume
d'Espagne.

XV.

La deuxième dynastie musulmane fut fon-
dée en Espagne par un proscrit. Abdérame Ier
appartenait à l'illustre famille des Ommiades,
qui avait fourni quatorze califes au trône de
Damas. Chassée par une faction, celle des Abbas-
sides, cette famille s'était réfugiée en Afrique.
C'est là que les envoyés de la ville de Cordoue allèrent le chercher. Ce prince était
indépendant, il ne relevait d'aucun des califes
d'Orient; à ce titre, il pouvait plus fermement
dominer toutes rivalités. Il accepta le pouvoir,
et, protégé d'avance par toutes les populations,
du littoral de l'Andalousie, qui voyaient en lui
un libérateur, il arriva plus que facilement à
Cordoue, dont il se déclara le calife. Ainsi commence ce califat de Cordoue qui, sous la dynastie célèbre des Ommiades, dura de 756 à 1008.

Abdérame fut bientôt le maître vénéré de
ses nouveaux États. Si, d'un côté, il affaiblissait
l'autorité musulmane en rendant l'Espagne in-

dépendante, de l'autre, il lui donnait une puissance propre qu'elle n'avait connue que sous les empereurs. Abdérame apportait avec lui une administration sage, éclairée, paternelle; le goût des arts, du luxe, des élégances de l'Orient; une civilisation avancée. Les sciences, les belles-lettres, la médecine, l'architecture, l'agriculture, étaient en honneur parmi les siens; les siens étaient des fondateurs d'académies, des maîtres savants, des professeurs d'écoles publiques où toutes les connaissances étaient enseignées; les siens étaient des conteurs, des rimeurs, des poëtes ingénieux et charmants. On a compris d'avance comment, ainsi entouré, le nouveau calife, jeune homme de vingt-quatre ans, doux et proscrit (les proscrits ont leurs sympathies et leur prestige), avait, dès les premiers jours, conquis tout son royaume.

Sous de semblables auspices, la renommée comme la puissance du califat de Cordoue se répandit bientôt en Espagne comme une lumière bienfaisante — *ex oriente lux* — et la dynastie des Ommiades brilla partout d'un éclat inconnu.

Alkalem, roi sage et savant, fut le plus doux des hommes; Abdérame II et Almondir se firent également remarquer par la plus tolérante administration.

Cependant déjà, sous ces règnes, les chré-

tiens ont étendu leurs possessions ; déjà, sous ces
règnes, les royaumes de Navarre et d'Aragon se
font jour ; déjà en 862, sous le roi Alphonse III,
Zamora, Toro, Burgos et Salamanque sont tom-
bées au pouvoir des chrétiens ; déjà, sous Abdérame III, qui fut le plus grand des rois de cette
dynastie et qui régna cinquante ans, Léon est devenue la capitale du royaume des Asturies au lieu
d'Oviédo ; la Navarre a conquis quelques places
en Aragon, le royaume chrétien s'est agrandi.
Sous Alkalem II, le Titus de l'Espagne, la paix la
plus féconde règne partout, mais bientôt, sous
le vaillant tuteur de son jeune successeur, sous
Almanzor, l'épée des combats est de nouveau
sortie des fourreaux ; Almanzor dirige et com-
mande en personne cinquante-deux expéditions
contre les chrétiens, et enfin, en 1002, il vient
leur présenter la bataille sous les murs de Calatanazor.

C'est la première fois depuis la fondation
du califat que les deux armées sont véritablement en présence. A Calatanazor, tous les
rois chrétiens, le roi de Léon, le roi de Navarre, sont à la tête de leurs escadrons ; des
deux côtés, même vaillance, même ardeur,
même foi. Avec leur impétuosité habituelle les
Arabes fondent comme des éclairs sur les Espagnols, mais déjà cette infanterie, qui devait être

un jour la première du monde, reçoit sans bouger cette forêt de lances et d'épées, et, après des efforts qu'eux seuls connurent, la victoire demeure aux rois chrétiens. Almanzor, qui mourut de ses blessures sur le lieu du combat, emportait avec lui la réputation du plus grand batailleur qu'ait jamais eu la monarchie arabe.

Depuis ce grand triomphe des rois chrétiens, et la perte de la bataille de Calatanazor, c'est-à-dire depuis 1002 jusqu'en 1091, ce grand califat de Cordoue n'est plus livré qu'à des usurpateurs ou à des princes défaillants et divisés. Les califes qui se succèdent péniblement n'ont plus de pouvoir réel, chacun des gouverneurs s'enferme dans sa ville ou sa province, y lève à son gré les impôts, fait la guerre à ses voisins, et s'enrichit de dépouilles honteuses. L'anarchie est complète, la justice n'existe plus, et, après trois siècles, cette brillante dynastie des Ommiades s'éteint dans l'impuissance et la division, comme s'étaient éteintes la domination romaine et la domination gothique.

Les chrétiens, on le pense, n'avaient point, durant cette période, perdu leur temps. L'avenir était à eux.

Déjà, durant cette période, Ferdinand Ier avait, en 1037, fondé le royaume de Castille. Léon, la Galice et les Asturies le composaient, il étendait ses frontières jusqu'au pied des montagnes de Guadarama. Ramiro avait fondé le royaume d'Aragon, une partie de la Catalogne était à lui; enfin Alphonse VI, roi de Castille, s'était, à son heure, vaillamment emparé de l'antique capitale du royaume des Goths, la vieille Tolède était devenue la capitale de l'Espagne chrétienne.

Telle était, à la chute des descendants dégénérés de la célèbre monarchie des Ommiades, la situation des deux peuples. Cette domination avait duré 335 ans.

Les causes de la ruine des califes de Cordoue sont, on le voit encore; — d'un côté, les dissensions intestines qui minèrent peu à peu et fatalement ce pouvoir qui avait été si grand et si populaire; — d'autre part, l'action vivace et nationale des chrétiens, combattant déjà pied à pied, à visage découvert.

Si, à cette époque encore, un grand homme de guerre eût existé, c'en était fait de la puissance musulmane en Espagne. Ce temps n'était pas arrivé.

4

XVI.

Les nouveaux maîtres qui succédèrent au califat de Cordoue (1091), les *Almoravides* étaient originaires d'Asie. Le premier de leurs émirs, le vaillant Yousef, jaloux de venger l'islam de la perte de Tolède, débute par une bataille et une victoire. Il rencontre les chrétiens près de Badajoz dans les plaines de Zalaca, et là, face à face avec le roi Alphonse, il livre une sanglante bataille dont il sort vainqueur. Ainsi l'empire musulman est, une fois encore, affermi sur une base qui d'ordinaire a son prestige, la victoire ! Yousef profita, en effet, de sa victoire pour refouler partout les chrétiens, et, à sa mort qui arriva lorsqu'il avait cent ans, il demeurait comme le fondateur redoutable et respecté de la nouvelle dynastie musulmane qui régnait sur l'Espagne.

Cette puissance n'était toutefois que personnelle. Les deux émirs qui succédèrent à Yousef furent loin de l'égaler. Ils essayèrent bien de pénétrer jusqu'au cœur de la Castille,-ils essayèrent bien de reprendre la vieille Tolède, mais ils trouvèrent toujours devant eux une nouvelle épée, celle d'Alphonse le Batail-

leur, perdirent l'importante ville de Saragosse,
assiégée et prise par ce dernier, puis successivement, comme au temps passé, des rivalités
intestines se firent jour entre une multitude
de gouverneurs avides et intéressés, et cet
émirat des Almoravides, qui n'avait duré que
soixante-six ans, s'écroula dans l'impuissance.

Ceux qui leur succèdent arrivent également
d'Afrique. Débarqués à Algesiras, ils s'emparent
plus que facilement de l'Andalousie, et, sous la
conduite de leur chef redoutable, ils viennent,
en 1157, fonder la dynastie des *Almohades*.

Les trois premiers émirs de cette dynastie
ne font contre les chrétiens que des expéditions partielles, toutes entachées de cruautés
inconnues à leurs chevaleresques prédécesseurs.

Yakoub, celui qui règne après eux, est un
guerrier. Son premier acte, comme celui de
Yousef, est une victoire. Il rencontre le roi de
Castille à Alarcos et il le bat. Alarcos est alors
pour les Almohades ce que la victoire de Zalaca
avait été pour les Almoravides; ils s'affermissent,
s'avancent, s'emparent de Calatrava, arrivent
aux portes mêmes de Tolède, et concluent avec
les rois chrétiens, aussi désireux qu'eux d'une
paix momentanée, une trêve de douze ans.

La trêve est mise à profit par les deux

combattants, chacun s'apprête à faire face à
de nouveaux combats; il semble que pour l'un
comme pour l'autre l'heure fatale va sonner.
Le Croissant et la Croix sont désormais en présence.

En effet, la guerre sainte est proclamée dans
toute l'Afrique, Yakoub appelle à lui tous les
croyants, d'un seul coup il veut reconquérir et re-
constituer le grand empire musulman en Espagne.

Ainsi menacés, les rois chrétiens font le
même appel. Les cinq rois de Navarre, de Castille, d'Aragon, de Léon, de Portugal, se confé-
dèrent. Toutes les armées sont sur pied. Les
quatre ordres religieux nouvellement institués,
Calatrava, Avis, Alcantara, Saint-Jacques, ac-
courent à cet appel, et, vers les premiers jours
du mois de juillet 1212, on voit dans les fer-
tiles plaines de la riante Andalousie s'avancer
l'une contre l'autre les deux plus grandes armées que l'Espagne avait vues depuis la domination romaine.

Elles se rencontrèrent sur les sommets de
la Sierra Morena : las Navas de Tolosa est le
nom de ce grand plateau. Rangés en ligne,
les chrétiens ont à leur tête les rois de Navarre,
de Castille et d'Aragon ; les Arabes sont com-
mandés par l'émir. Le choc a lieu, choc ter-
rible et sanglant, qui laisse sur le sol la moitié

des armées musulmanes et donne aux braves
enfants de l'Espagne l'honneur de la victoire,
victoire célèbre et féconde qui prépara de si
grandes choses.

Dès ce moment, le commencement de la
ruine des Almohades a sonné. Au souvenir de
las Navas, saint Ferdinand de Castille et Jacques
d'Aragon le Conquérant sont à la tête de leurs
vieilles bandes. Saint Ferdinand se jette en Andalousie, prend Cordoue, la capitale de l'ancien
califat, Jaen et son territoire ; soumet Grenade
à sa suzeraineté, lui impose un lourd tribut, et,
pendant que Jacques d'Aragon s'empare de son
côté de Valence, il vient frapper le dernier coup
et résolûment mettre le siège devant la capitale même des musulmans, devant Séville. Le
23 décembre 1248, il s'en était emparé, s'était
établi dans l'Alcazar, et avait victorieusement
planté son drapeau sur la fameuse tour de la
mosquée, la Giralda, devenue le clocher de la
cathédrale chrétienne.

Dès lors cette dynastie des Almohades, qui
avait duré quatre-vingt-un ans, avait à son tour
cessé d'être ; dès lors, de cet empire fameux des
musulmans qui avait dominé l'Espagne tout
entière, Grenade seule, où s'étaient réfugiés les
Maures de Séville, restait à l'islam ; Grenade
seule et encore était-elle tributaire.

A ce moment, si les rois chrétiens l'eussent voulu, ils eussent eu facilement raison de ce nouveau royaume de Grenade, mais déjà, il faut le dire aussi, outre leurs divisions intérieures, ils étaient occupés au grand rôle qu'ils voulurent jouer, et qu'ils jouèrent dans les affaires générales de l'Europe.

Pierre III d'Aragon devient roi de Sicile, après les grandes vêpres, et engage à ce sujet la guerre contre la France, le pape et la maison d'Anjou, — Jacques le Conquérant prend Majorque, et affranchit le comté de Barcelone de la suzeraineté de la France, — Alphonse d'Aragon conquiert le royaume de Naples, — Alphonse X de Castille s'engage dans une guerre avec l'Angleterre au sujet du comté de Gascogne, et il ouvre ses prétentions prématurées à l'Empire d'Allemagne, — Pierre le Cruel et Henri de Transtamare entrent dans leurs sanglantes luttes; enfin l'impuissant et dernier roi de Castille, Henri IV, est déposé par ses propres sujets. — C'est à travers ces événements qui détournèrent du royaume de Grenade l'attention et les forces des rois chrétiens, que ce dernier refuge de l'islamisme en Espagne avait pu seulement subsister.

La réunion sur la même tête des deux couronnes de Castille et d'Aragon, et par cette

réunion providentielle, la fin de toutes ces
rivalités devait amener la délivrance définitive
du sol, et donner enfin aux braves Espagnols,
LA PATRIE.

Un fait singulier amena ce grand événe-
ment.

XVII.

Lorsqu'en 1476 Ferdinand fit réclamer au
roi de Grenade le tribut qu'il devait et que
celui-ci lui répondit : « *Dites à votre maître
que ceux qui payaient le tribut sont morts,
et qu'on ne fabrique plus à Grenade pour les
chrétiens que des fers de lame et des lames
de cimeterre !* » alors il en fut fait de la puissance musulmane; le siége de Grenade fut ré-
solu, et, le 6 janvier 1492, l'étendard royal
d'Espagne flottait sur les tours de l'Alhambra,
l'Espagne existait.

Ainsi finissait, après huit siècles, la domination musulmane en Espagne; elle avait eu,
comme toutes les dominations, ses grands jours
et ses grands hommes. Les Abdérame, les Alkalem, les Almanzor sont demeurés célèbres. Les
victoires du Guadalete, de Zalaca, d'Alarcos sont

4*

inscrites sur ses drapeaux, et ce n'est point sans un sentiment de triste sympathie que l'on se sépare de cette race distinguée qui avait apporté dans ces belles contrées de la vieille Espagne le culte des arts, des sciences, et la plus exquise civilisation.

Les causes de sa défaillance et de sa ruine sont comme celles de la domination romaine, claires à tous les yeux. Le pouvoir électif des califes, le défaut d'hérédité, l'autorité sans limites des gouverneurs, leur indépendance, leurs exactions, leurs longues et funestes révoltes, les rivalités des races qui chacune, à leur tour, s'attribuent la puissance souveraine, califes d'Orient, califes indépendants de Cordoue, émirs de Séville, émirs d'Afrique; toutes ces forces diverses et annihilées l'une par l'autre ne pouvaient évidemment constituer quelque chose de stable et de respecté.

En regard de tous ces éléments de faiblesse, si l'on met cet ennemi fier, ardent, vivace qui s'appelle le chrétien, ces Espagnols toujours unis par ce double et inexpugnable sentiment qui s'appelle le patriotisme et la foi, — le patriotisme qui chasse l'étranger du sol de la patrie, et la foi qui combat et extermine l'infidèle; — on a compris d'avance de quel côté était l'avantage.

Il en était d'autres qui durent singulièrement favoriser cet affranchissement.

Dans ces guerres continuelles contre les musulmans, les rois, pour s'assurer d'un côté le
territoire dont ils se rendaient maîtres, de l'autre
le concours sûr et permanent des nobles et des
peuples, avaient dû, nous l'avons dit, leur faire les
concessions les plus considérables de priviléges,
d'immunités, de franchises sur ces territoires,
C'est ainsi qu'ils constituaient pièce à pièce leur
royaume, c'est ainsi que la noblesse acquérait
ses fiefs et ses grands droits; c'est ainsi que le
peuple devenait comme le maître du sol auquel
il avait attaché son honneur et sa vie ; c'est
ainsi que s'étaient fondées ces libertés si vivement défendues par ses Cortès lorsque la
royauté voulut les reprendre. De là enfin cette
mâle et fière indépendance dont l'Espagne a
donné depuis tant de nobles preuves, et qui
n'a pas encore cessé de lui battre au cœur, au
moment où nous écrivons.

XVIII.

Dans cette victorieuse croisade, et du côté
des chrétiens (des Espagnols), les grands hommes,

les grands actes ne font pas plus défaut que chez leurs ennemis.

L'histoire a écrit en lettres immortelles les noms des libérateurs : Sanche de Navarre, — Alphonse Ier d'Aragon, — Fernand Gonzalès, — Alphonse le Batailleur, — Raymond Béranger, — Jacques le Conquérant, — Pierre III, — les Ferdinand de Castille, — Alphonse le Sage.

Les grands combats et les grandes victoires de Calatanazor et de Las Navas ont laissé leur trace, comme Sagonte et Numance, comme les vaillantes épées du Cid et de Gonzalve de Cordoue, comme les patriotiques dévouements des grands ordres militaires d'Alcantara, de Saint-Jacques, d'Avis et de Calatrava, toujours au premier rang.

Toute cette partie de notre histoire, nous aimons à le répéter (le patriotisme inspire), est dans ce même sentiment de tout un peuple, LA NATIONALITÉ. C'est ce sentiment que, Romains, Goths ou musulmans, nuls n'avaient été assez puissants ou assez habiles pour inoculer à la terre conquise, c'est ce sentiment qui, après huit siècles et trois mille sept cents combats (on les a comptés), venait, à la voix d'une jeune reine, Isabelle de Castille unissant sa couronne à celle de Ferdinand d'Aragon, chasser de sa capitale le dernier roi des Maures, et planter sur les remparts de Grenade l'étendard, qui devait être désormais le drapeau de l'Espagne.

Dès lors, le sol de la patrie était affranchi, la nation s'appartenait, LA MONARCHIE était fondée, et la renommée disait d'avance que ce n'était qu'après la découverte de l'Amérique que devaient s'ouvrir pour l'Espagne les gloires de Charles-Quint.

Telles furent les origines, telle fut la fondation de la monarchie espagnole.

XIX.

Rappeler au prix de quels sacrifices avait été constituée cette monarchie, c'était affirmer les traditions populaires qui ont survécu à tant d'épreuves encore palpitantes, et prouver qu'aujourd'hui comme par le passé, les espagnols revendiquent la royauté comme leur patrimoine et leur conquête.

Illis ingenita sanctitas regii nominis.
Ils ont dans le sang le culte de leurs rois.

(PLUTARQUE, *voir la note, p. 61.*)

FIN.

NOTE.

Plutarque en parlant de la domination populaire de Sertorius et de ses victoires sur les Romains, avait dit des Espagnols ce qui est resté toujours vrai :

« *Se regibus devovent, et post eos vitam refutant, adeo est illis ingenita sanctitas regii nominis !* »

« Ils se dévouent pour leurs rois et refusent de leur survivre, tant est inné en eux le culte de la royauté ! »

(PLUTARQUE, *Fragments*, livre I, CXVI, nº 198.)

PARIS. — J. CLAYE, IMPRIMEUR, 7, RUE SAINT-BENOIT. — [796]